I0399040

www.ingramcontent.com/pod-product-compliance
Lightning Source LLC
Chambersburg PA
CBHW030047100526
44590CB00011B/352
9781737020752

Learn Basic English
In Pashto Language

لومړنی انگلیسي
په پښتو یې زده کړئ

ډاکټر داود ا. سحر
Dr. David E. Sahar
University of California, Davis

خپرندوی: ابن سینا
Avicenna Publishing
a@sahar.net

باسمه تعالی

Acknowledgement

مننه

Contributing Editors:

Abdul Ghafoor Liwal
Kawun Kakar
Nisar Ahmad Islammal
Rachel Hafiza Sahar

Layout and Design:

Qiamuddin Sabawoon

ونډه اخيستونکي:

عبدالغفور لېوال
کاوون کاکړ
نثار احمد اسلام مل
رشل حفيظه سحر

ډيزاين:

قيام الدين سباوون

زما خدای بخښلي ورور، نجیب سحر ته ډالۍ؛ چې په زړه کې یې له افغانستان سره بې پایه او سپېڅلې مینه په څپو وه.

In memory of late brother Engineer Najib Sahar, whose love for Afghanistan was genuine, unwavering and eternal.

د درسونو لړلیک
Table of Lessons

۱	انګلېسي توري (په پښتو)	۱.
۲	د انګلېسي تورو تلفظ	۲.
۳	انګلېسي اعداد	۳.
٤	ورځني کلمات	٤.
٦	د جوړ پخیر جملې	٥.
۷	په انګلېسي کې ۷۵ ډېري کاربدونکې کلمې	٦.
۹	پېرودل	۷.
۱۰	بېړني، ناڅاپي یا د خطر حالات	۸.
۱۱	د کار د ځای کلمې	۹.
۱۳	ډاکټر او کلنیک	۱۰.
۱۵	رستورانټ	۱۱.
۱٦	امیګرېشن	۱۲.
۱۷	د لارې موندل	۱۳.

Learn Basic English
In Pashto Language

لومـړنی انګلیسي
په پښتو یې زده کړئ

انګلیسي توري (په پښتو)

English Alphabets

غټ توري Capital Letter	واړه توري Small Letter	پښتو تلفظ Pashto Pronunciation	غټ توري Capital Letter	واړه توري Small Letter	پښتو تلفظ Pashto Pronunciation
A	a	ای	N	n	ان
B	b	بي	O	o	او
C	c	سي	P	p	پي
D	d	ډي	Q	q	کیو
E	e	ایي	R	r	آر
F	f	ایف	S	s	اس
G	g	جي	T	t	ټي
H	h	ایچ	U	u	یو
I	i	آی	V	v	وي
J	j	جی	W	w	ډبلیو
K	k	کی	X	x	ایکس
L	l	ال	Y	y	وای
M	m	ام	Z	z	زی

Learn Basic English
In Pashto Language

لومــړنۍ انګلیسي
په پښتو یې زده کړئ

د انګلیسي تورو تلفظ

Alphabets' Pronunciation

A	آ	O	آ
B	ب	P	پ
C	ک / س	Q	ک
D	د	R	ر
E	ا	S	س
F	ف	T	ټ
G	ګ / ج	U	ا
H	ح	V	و
I	ا	W	و
J	ج	X	ز
K	ک	Y	ی
L	ل	Z	ز
M	م	Sh	ش
N	ن	Ch	چ

لیکونکی: ډاکټر داود ا. سحر
By: Dr. David E. Sahar

Learn Basic English
In Pashto Language

لومړنۍ انګلیسي
په پښتو یې زده کړئ

انګلیسي اعداد

English Numbers

عدد Number	انګلیسي English	تلفظ Pronunciation	پښتو Pashto
0	Zero	زیرو	٠
1	One	ون	١
2	Two	تو	٢
3	Three	تري	٣
4	Four	فور	۴
5	Five	فایف	۵
6	Six	سکس	٦
7	Seven	سون	٧
8	Eight	اېټ	٨
9	Nine	ناین	٩
10	Ten	تِن	١٠

لیکونکی: ډاکتر داود ا. سحر
By: Dr. David E. Sahar

Learn Basic English
In Pashto Language
لومړنۍ انګلیسي
په پښتو یې زده کړئ

ورځني کلمات

Daily Words

انګلیسي کلمه English Word	تلفظ Pronunciation	معنی Meaning
Hello	هیلو	سلام
Hi	های	سلام
Goodbye	ګوډبای	خدای په امان
Thank you	تنک یو	مننه
Yes	یس	هو
No	نو	نه
Sorry	ساری	وبخښئ
Who?	هو؟	څوک؟
What?	وټ؟	څه؟
Why?	وای؟	ولې؟
Where?	ویر؟	چېرې؟

لیکونکی: ډاکټر داود ا. سحر
By: Dr. David E. Sahar

In Pashto Language

په پښتو يې زده کړئ

انګلیسي کلمه English Word	تلفظ Pronunciation	معنی Meaning
How?	هاو؟	څنګه؟
I	آی	زه
Me	مي	زه
You	یو	ته / تاسې / تاسو
He	هي	هغه (نارینه)
She	شي	هغه (ښځینه)
They	دی	هغوی
Us / We	از	موږ
Good	ګوډ	ښه
School	سکول	ښوونځی
Work	ورک	کار
Happy	هپي	خوشال
Sad	سډ	خفه

Learn Basic English
In Pashto Language

لومـړنۍ انګلېسي
په پښتو یې زده کړئ

د جوړ پخیر جملې

Greetings

English انګلېسي جمله	Pronunciation تلفظ	Meaning معنی
How are you?	هاو آر یو؟	تاسې څنګه یئ؟ / ته څنګه یې؟
I am well.	آی ام ول.	زه ښه یم.
What is your name?	وټ ایز یور نیم؟	ستا/ستاسې نوم څه دی؟
My name is Laila?	مای نیم ایز لیلا.	زما نوم لیلا ده.
Good to meet you.	ګوډ تو میټ یو.	ستا/ستاسې په لیدو خوشاله شوم.
Where are you from?	ویر آر یو فرام؟	ته/تاسې د کوم ځای یئ؟
I am from Afghanistan.	آی ام فرام افغانستان.	زه د افغانستان یم.
What do you do?	وټ دو یو دو؟	ته څه کار کوې؟ / تاسې څه کار کوئ؟
I am a baker.	آی ام ا بیکر.	زه نانوا یم.
Where are you going?	ویر آر یو ګوینګ؟	ته چېرته ځې؟ / تاسې چېرته ځئ؟
I am going to school.	آی ام ګوینګ تو سکول.	زه ښوونځي ته ځم.
I am going to work.	آی ام ګوینګ تو ورک.	زه کار ته ځم.
Good morning	ګوډ مورنینګ	سهار پخیر
Good afternoon	ګوډ افټرنون	غرمه پخیر
Good evening	ګوډ ایونینګ	ماښام پخیر
Good night	ګوډ نایټ	ښه شپه

لیکونکی: ډاکټر داود ا. سحر
By: Dr. David E. Sahar

Learn Basic English
In Pashto Language
لومړنی انګلیسي
په پښتو یې زده کړئ

په انګلیسي کې ۷۵ ډېرې کارېدونکې کلمې

75 Common English Words

انګلیسي Word	تلفظ Pronon.	معنی Meaning	کلمه Word	تلفظ Pronon.	معنی Meaning
the	ده	هغه	not	ناټ	نه
be	بي	کېدل	on	آن	پر / پرې
to	ټو	ته	with	وِت	سره
of	آف	د	he	هي	هغه (نارینه)
and	انډ	او	as	از	لکه
a	ای	یو	you	یو	تاسې / تاسو
in	اُن	په	do	ډو	کول
that	ډت	هاغه	at	اټ	پکې / په
have	هو (هف)	لري	this	دِس	دا / دغه
I	آی	زه	but	بټ	مګر
it	اِټ	هغه	his	هیز	د هغه (نارینه)
for	فار	لپاره	by	بای	پواسطه
from	فرام	څخه / ترې	up	اپ	پورته
they	دی	دوی	out	اوټ	بهر / بېرون
we	وي	موږ	if	اف	که چېرې
say	سی	ویل / ووایه	about	اباوټ	په باره
her	هر	د هغې	who	هو	څوک

Learn Basic English
In Pashto Language

لومــړنۍ انګلیسي
په پښتو یې زده کړئ

انګلیسي Word	تلفظ Pronon.	معنی Meaning	کلمه Word	تلفظ Pronon.	معنی Meaning
she	شي	هغه (ښځینه)	get	ګټ	نیول / اخیستل
or	آر	یا	Which	ویچ	کوم
an	ان	یو	go	ګو	تلل
will	وِل	به	me	مي	زه
my	مای	زما	when	وِن	څه وخت
one	ون	یو	make	میک	جوړول
all	آل	ټول	can	کن	کول
would	وډ	به	like	لایک	لکه/مثال/خوښېدل
there	دیر	هلته	time	ټایم	وخت
their	دیر	د هغوی	no	نو	نه
what	وټ	څه	just	جسټ	یوازې
so	سو	لکه	him	هِم	هغه
know	نو	پوهېدل	them	دِم	هغوی
take	ټیک	اخیستل	see	سي	لیدل
person	پرسن	کس / شخص	other	ادر	بل
into	اینټو	دننه	than	دِن	پرته
year	ییر	کال	then	دِن	بیا
your	یور	ستاسې	now	ناو	اوس
good	ګوډ	ښه	look	لوک	وګوره
some	سم	ځینې	only	انلي	یوازې
could	کوډ	کېدل			

By: Dr. David E. Sahar
لیکونکی: ډاکتر داود ا. سحر

In Pashto Language

په پښتو یې زده کړئ

پېرودل

Shopping

انګلیسي جمله English	تلفظ Pronunciation	معنی Meaning
How much is this?	هاو مچ از دیس؟	د دې بیه څو ده؟
How much is this per kilo?	هاو مچ ایز دس پر کیلو؟	کیلو په څو ده؟
Anything else?	انیتنګ ایلس؟	بل څه؟
That's all, thank you.	دتس آل، تنکیو.	نه، مننه
Please	پلیز	هیله کوم
Do you take credit card?	دو یو ټېک کریډټ کارډ؟	کریډټ کارټ منئ؟
Where are the vegetables?	ویر آر ده ویجیتبلس؟	ترکاري (سبزیجات) چېرې دي؟
Where are the fruits?	ویر آر ده فروټس؟	مېوه چېرې ده؟
Where is the bread?	ویر ایز ده بریډ؟	ډوډۍ چېرې ده؟
Where is toothbrush?	ویر ایز توتبرش؟	د غاښونو برس چېرې دی؟
Do you have beef?	دو یو هو (هف) بیف؟	د غوا غوښه شته؟
Is it halal?	ایز اِت حلال؟	دا حلاله ده؟
Do you have fish	دو یو هو (هف) فیش؟	د کب/ماهي غوښه لرئ؟
Do you have chicken?	دو یو هو (هف) چکن؟	د چرګ غوښه لرئ؟
Do you carry phone?	دو یو کیری فون؟	ټلېفون لرئ؟

In Pashto Language

په پښتو يې زده کړئ

بېړني، ناڅاپي يا د خطر حالات

Emergency

انګلیسي جمله English	تلفظ Pronunciation	معنی Meaning
Help!	هیلپ!	مرسته!
I am hurt.	آی ایم حرټ.	زه ژوبل شوم.
I have fever.	آی هو (هف) فیور.	زه تبه لرم.
I need help.	آی نیډ هیلپ.	زه مرستې ته اړتیا لرم.
Can you help me?	کن یو هیلپ مي؟	آیا کولای شې له ما سره مرسته وکړې؟
I need to go to Hospital.	آی نیډ ټو ګو ټو هاسپیټل.	زه باید روغتون ته لاړ/لاړه شم.
I need a doctor.	آی نیډ آ ډاکټر.	زه ډاکټر ته اړتیا لرم.
I broke my leg.	آی بروک مای لیګ.	ما خپله پښه ماته کړې ده.
My child is lost.	مای چایلډ از لاسټ.	ماشوم مې ورک شوی دی.
My things were stolen.	مای تنګز ور سټولن.	زما کوم څه غلا شوي دي.
My purse was stolen.	مای پرس واز سټولن.	دستکول مې غلا شوی دی.
I was assaulted.	آی واز اسالټډ.	چا په ما باندې حمله وکړه.
I am lost.	آی ام لاسټ.	ما لاره ورکه کړې.
I need to call the police.	آی نیډ ټو کال ده پولیس.	زه باید پولیس ته زنګ ووهم.
Can you please tell me where I am?	کن یو پلیز ټل مي ویر آی ام؟	هیله ده راته ووایئ چې زه چیرې یم؟
Where is the toilet?	ویر از ده ټویلټ.	تشناب چیرې دی؟

In Pashto Language

په پښتو یې زده کړئ

د کار د ځای کلمې

Work

انګلیسي جمله English	تلفظ Pronunciation	معنی Meaning
Hello?	هیلو	سلام
Are you hiring?	آر یو هایرنګ؟	تاسو کاریګر ته اړتیا لرئ؟
I need a job.	آی نیډ آ جاب.	زه کار ته اړتیا لرم.
May I have job application?	می آی هو (هف) آ جاب اپلکیشن؟	هیله ده د کار فورمه راکړئ.
When is the interview?	وین ایز ده جاب انټرویو؟	د کار مصاحبه څه وخت ده؟
I am a worker.	آی ایم آ ورکر.	زه کاریګر یم.
I am a teacher.	آی ایم آ ټیچر.	زه ښوونکی یم.
I am a cook.	آی ایم ای کوک.	زه آشپز یم.
I am a driver.	آی ایم آ ډرایور.	زه ډریور یم.
I am a house cleaner.	آی ایم آ هاوس کلینر.	زه کور پاکوونکی یم.

In Pashto Language

په پښتو ژبې زده کړئ

انګلیسي جمله English	تلفظ Pronunciation	معنی Meaning
I am an engineer.	آی ایم ان انجنیر.	زه انجنیر یم.
I am a doctor.	آی ایم آ ډاکټر.	زه ډاکټر یم.
I am hard working.	آی ایم هارډ ورکنګ.	زه ډېر هڅاند یم.
I am honest.	آی ایم هانسټ.	زه سم کار کوم.
I have a family.	آی هو (هف) آ فیمیلي.	زه کورنۍ لرم.
I am sick today.	آی ایم سیک ټوډی.	زه نن ناروغ یم.
I am calling sick today.	آی ایم کالینګ سیک ټوډی.	ما زنګ ووهه چې ناروغ یم.
I cannot come to work.	آی کناټ کم ټو ورک.	زه کار ته نشم راتلای.
Which days am I off?	وچ ډی ایم آی آف؟	زه په کومو ورځو رخصت یم؟
Am I working tomorrow?	ایم آی ورکینګ ټومارو؟	زه باید سبا کار ته راشم؟
I need a translator.	آی نیډ آ ټرانسلېټر.	زه ژباړن یا ترجمان ته اړتیا لرم.

Learn Basic English
In Pashto Language

لومــړنۍ انګلېسي
په پښتو يې زده کړئ

ډاکټر او کلنيک

Doctor Clinic

English	Pronunciation	Meaning
انګلېسي جمله	تلفظ	معنی
I would like an appointment.	آی وډ لایک ان اپوینټمنټ.	زه نوبت (د لیدو وخت) غواړم.
It is urgent.	ایټ ایز ارجنټ.	عاجل/بېړنی ده.
Do you have Pashto translator?	ډو یو هو (هف) پښتو ټرانسلېټر؟	پښتو ترجمان یا ژباړن لرئ؟
Do you have Farsi translator?	ډو یو هو (هف) فارسي ټرانسلېټر؟	فارسي ترجمان یا ژباړن لرئ؟
I have health insurance.	آی هو (هف) هیلت انشورنس.	د روغتیا بیمه لرم.
I do not have health insurance.	آی ډو ناټ هاو هیلت انشورنس.	د روغتیا بیمه نلرم.
Where does it hurt?	ویر ډز ایټ هرټ؟	کوم ځای درد کوي؟
It hurts here.	ایټ هرټس هیر.	دغه ځای درد کوي.

ليکونکی: ډاکټر داود ا. سحر
By: Dr. David E. Sahar

Learn Basic English
In Pashto Language

لومــړنۍ انګلیسي
په پښتو یې زده کړئ

انګلیسي جمله English	تلفظ Pronunciation	معنی Meaning
I am sick.	آی ایم سیک.	زه ناروغ یم.
I have pain.	آی هو (هف) پین.	زه درد لرم.
I have fever.	آی هو (هف) فیور.	زه تبه لرم.
I am fatigued.	آی ایم فتیګډ.	زه ستړی یم.
I cannot sleep.	آی کن ناټ سلیپ.	زه ویده کېدای نشم.
My joints are aching.	مای جواینټس آر ایکینګ.	مفاصل/هډوکي مې درد کوي.
I have a lump.	آی هو (هف) آ لمپ.	پړسوب لرم.
I am congested.	آی ایم کانجسټېډ.	زه ریزش یم.
I need medication.	آی نیډ میډیکېشن.	زه دوا ته اړتیا لرم.
I think I am pregnant.	آی تینک آی ایم پریګننټ.	فکر کوم چې زه حامله یم.
I am allergic to a medication.	آی ام الرجک تو ای میډیکېشن.	زه له یوې دوا سره حساسیت لرم.
I need doctors note for work.	آی نیډ ډاکټرز نوټ فار ورک.	د کار لپاره مې د ډاکټر نسخې ته اړتیا لرم.

In Pashto Language

په پښتو ژبې زده کړئ

رستورانټ

Restaurant

انګلیسي جمله English	تلفظ Pronunciation	معنی Meaning
I would like to make a reservation.	آی وډ لآیک ټو میک آ ریزروېشن.	زه غواړم ریزرف وکړم.
Please give me a menu?	پلیز ګیو مي آ مینیو.	هیله ده د خوړو مینیو راکړئ.
Do you have child menu?	ډو یو هو (هف) چایلډ مینیو؟	د ماشومانو د خوړو مینیو لرئ؟
Is this Halal?	ایز دیس حلال؟	آیا دا حلال دي؟
I would like to order this.	آی وډ لایک ټو آرډر دیس.	زه غواړم دا فرمایش ورکړم.
Do you have beef?	ډو یو هو (هف) بیف؟	د غوا غوښه لرئ؟
Do you have chicken?	ډو یو هو (هف) چکن؟	د چرګ غوښه شته؟
I would like water.	آی وډ لایک واټر.	زه اوبه غواړم.
I would like CocaCola.	آی وډ لایک کوکاکولا.	زه کوکاکولا غواړم.
I would like Tea.	آی وډ لایک ټي.	زه چای غواړم.
I would like Coffee.	آی وډ لایک کافي.	زه قهوه غواړم.
I pay with Visa credit card.	آی پی ویت ویزه کرېډټ کارډ.	زه په ویزه کریډټ کارټ باندې پیسې ورکوم.
I pay cash.	آی پی کیش.	زه نقدې پیسې ورکوم.
I would like to have the check.	آی وډ لایک ټو هو (هف) ده چک.	زه غواړم بِل له ځانه سره ولرم.

15

لیکونکی: ډاکټر داود ا. سحر

Learn Basic English
In Pashto Language

لومړنی انګلیسي
په پښتو يې زده کړئ

امیګریشن

Immigration

انګلیسي جمله English	تلفظ Pronunciation	معنی Meaning
I am a refugee.	آی ایم آ ریفیوجي.	زه مهاجر یم.
I am traveling for work.	آی ام ټراولینګ فار ورک.	زه د کار لپاره سفر کوم.
I am live in California.	آی لِو این کالیفورنیا.	زه کالیفورنیا کې ژوند کوم.
I leave in one week.	آی لیف این ون ویک.	زه یوه اونۍ وروسته ځم.
I am seeking asylum.	آی ایم سیکینګ اسایلم.	زه پناهندګۍ غواړم.
I need an attorney.	آی نیډ ان اټورني.	زه یو وکیل ته اړتیا لرم.
My life is in danger in Afghanistan.	مای لاف از ان ډینجر اِن افغانستان.	په افغانستان کې زما ژوند په خطر کې دی.
I have children.	آی هو (هف) چلډرن.	زه ماشومان لرم.
I have family in America.	آی هاو فامیلي ان امیریکا.	زما کورنۍ په امریکا کې شته.
I have friends in America.	آی هو (هف) فرنډس ان امیریکا.	زه په امریکا کې ملګري لرم.
I can work in American.	آی کن ورک ان امیریکا.	زه امریکا کې کار کولای شم.
I have immigration documents.	آی هو (هف) امیګریشن ډاکیومنټس.	زه د مهاجرت اسناد لرم.
I have passport.	آی هو (هف) پاسپورټ.	زه پاسپورټ لرم.
I have visa.	آی هو (هف) ویزا.	زه ویزه لرم.
I need help.	آی نیډ هیلپ.	زه مرستې ته اړتیا لرم.

لیکونکی: ډاکټر داود ا. سحر
By: Dr. David E. Sahar

Learn Basic English
In Pashto Language

په پښتو یې زده کړئ

د لارې موندل

Directions

انګلیسي جمله English	تلفظ Pronunciation	معنی Meaning
Excuse me ...	اکسکیوز مي...	وبخښئ ...
Can you help me with direction?	کن یو هیلپ مي ویت ډایرکشن؟	د لارې په موندلو کې له ما سره مرسته کولای شئ؟
Where is gas station?	ویر ایز ګاس سټېشن؟	د تیلو ټانګ چېرې دی؟
Where is the Bank?	ویر ایز ده بینک؟	بانک چېرې دی؟
Where is the restaurant?	ویر ایز ده ریسټورانټ؟	رسټورانټ چېرې دی؟
Where is the bathroom?	ویر از ده بات روم؟	تشناب چېرې دی؟
How far am I from city?	هاو فار ایم آی فرام سټي؟	له ښاره څومره لرې یم؟
May I ask a question?	می آی اسک ای کوسشن؟	یوه پوښتنه کولای شم؟